AF724671

ÉLOGE HISTORIQUE

DE

CH. SIG. SONNINI DE MANONCOURT.

ÉLOGE HISTORIQUE

DE

CH. SIG. SONNINI DE MANONCOURT,

CÉLÈBRE NATURALISTE ET VOYAGEUR;

PAR ARSENNE THIÉBAUT-DE-BERNEAUD,

Secrétaire émérite de l'Académie italienne ; membre des Académies des Sciences de Rome, Florence, Vienne, Pise, Marseille, Caen ; des Antiquaires de Cortona, de' Fisiocritici de Siena ; des Sociétés Littéraires de' Rozzi, de Pistoja, d'Agriculture du Calvados, de la Haute-Saône ; de l'Académie Celtique, de la Société d'Encouragement pour l'Industrie nationale, etc., etc.

La familiarité que j'eus avec LUI et l'assistance qu'il fit à *ma jeunesse*, m'obligent à épouser son honneur.

MONTAIGNE, *Essais*, liv. II, chap. 33.

PARIS,

DE L'IMPRIMERIE DE D. COLAS,

Rue du Vieux-Colombier, N° 26, F. S.-G.

1812.

ÉLOGE HISTORIQUE

DE

C. S. SONNINI-DE-MANONCOURT.

La mort est l'écueil où viennent échouer toutes les grandeurs et toutes les ambitions ; c'est le néant pour le vulgaire des hommes ; pour ceux, au contraire, dont les travaux utiles méritent à la fois les regrets des contemporains, et la reconnaissance des âges à venir, la tombe est l'aurore d'une vie éternelle. Consolez-vous donc, amis : celui que vous pleurez, celui dont les froides dépouilles reposent pour jamais sous ce tertre funèbre, est ceint d'une gloire qui brillera tant que les sciences naturelles et les bonnes lettres seront cultivées avec succès. Consolez-vous : son nom est inscrit au temple de mémoire : ses importans services, ses œuvres intéressantes, traverseront les siècles, et la Postérité, digne appréciatrice de ses vastes connaissances, de son goût épuré, de ses vertus et de ses longues infortunes, répétera comme vous ces mots pénibles, ces mots déchirans : *il méritait un meilleur sort.*

En me chargeant d'écrire son histoire, j'ai plus

écouté la voix de mon cœur, que mesuré l'étendue de mes forces; et quoique je sache bien que l'amitié, que la reconnaissance la mieux sentie, ne remplacent pas toujours l'esprit; quoique je sache bien que les élans de l'ame ne suppléent pas au défaut de talent, j'ose compter sur l'indulgence, en parlant du naturaliste et de l'homme de lettres, du savant et du voyageur intrépide qui fut, à tous égards, le digne ami de Buffon, et le continuateur de son ouvrage immortel.

Charles-Nicolas-Sigisbert SONNINI-de-MANONCOURT, ancien officier et ingénieur de la marine française, membre de plusieurs sociétés savantes et littéraires, naquit à Lunéville, département de la Meurthe, le 1er février 1751. Il était fils de Nicolas-Charles-Philippe Sonnini, Romain d'origine, conseiller du roi, receveur particulier de ses finances, et seigneur du fief de Manoncourt-en-Vermois (1). Il fit ses études à l'université de Pont-à-Mousson,

(1) Il descendait d'une branche de l'illustre famille de *Farnèse*, mais d'une branche absolument ruinée par l'inconduite d'un ancêtre, ce qui l'engageait à cacher soigneusement sa naissance. Il vint fort jeune en Lorraine, sous le règne du duc Léopold, et y introduisit un commerce nouveau et très-avantageux qu'il étendit jusqu'aux pays les plus éloignés. Le 5 janvier 1742, Stanislas, roi de Pologne et duc de Lorraine, le nomma son conseiller-receveur-particulier au bureau de Lunéville, et l'ennoblit par lettres patentes du 26 janvier 1756, entérinées en la chambre des comptes et en la cour souveraine de Lorraine et de Bar, les 18 et 19 mars suivant. (Voyez l'*Armorial général de Lorraine* de D. Ambroise Pelletier, 1 vol. in-folio, Nanci, 1758, pag. 758 et 759.)

au pensionnat des Jésuites, et le 21 juillet 1766, c'est-à-dire à l'âge de quinze ans et demi, il fut élevé au grade de docteur en philosophie. Animé du goût des sciences, à cette époque il était déjà en liaison de lettres avec les savans les plus distingués, avec BUFFON, ce naturaliste célèbre dont la France s'honore, et dont la mémoire durera autant que la nature, digne sujet de ses profondes méditations (1); et cet abbé NOLLET, qui s'est fait un nom par ses ouvrages que l'on consulte encore aujourd'hui, et par ses belles découvertes en physique. Tous se complurent à répondre à un enfant chez lequel ils découvraient d'heureuses dispositions, l'amour de l'étude et des idées nobles qui présageaient ce qu'il serait un jour.

Après avoir étudié le droit à Strasbourg, il fut reçu avocat à la cour souveraine de Nanci, le 14 novembre 1768. Mais la carrière du barreau ne pouvait convenir à son ame ardente, elle voulait un théâtre plus vaste. Le besoin des voyages, la passion des découvertes qu'il ressentait depuis sa première enfance, la lui firent bientôt abandonner, pour embrasser le parti des armes. Il entra donc, comme cadet noble, dans le régiment de hussards du comte d'*Es*-

---

(1) « Ses hymmes à la nature seront répétés à jamais; ses chants accompagneront ceux de LUCRÈCE; et lorsqu'on parlera de philosophie, d'histoire naturelle, de la noblesse et des beautés du style, les noms d'ARISTOTE, de PLINE et de BUFFON viendront toujours se présenter à l'esprit. » (SONNINI, avant-propos à son *Hist. naturelle*, tom. I, pag. vj et vij.) Il faut lire aussi ce qu'il dit de ce grand écrivain en tête du premier volume des poissons.

terhazy, ami de sa famille. L'uniformité de la vie des petites garnisons, le défaut d'occasions de s'instruire et d'acquérir d'autres connaissances que celle du cheval, ne tardèrent pas à le dégoûter de la monotonie du service de hussard hongrois. Il y avait à peine dix-huit mois qu'il était militaire, lorsqu'il sollicita de sa famille l'agrément d'entrer au service de la marine, et d'être envoyé au loin.

On le fit, en conséquence, partir en 1772, pour Cayenne, en qualité de cadet à l'aiguillette, dans les troupes de la marine.

Ici commence la véritable carrière de SONNINI. Ses goûts pour les observations, trouvaient un champ aussi vaste que neuf non-seulement dans le continent de la Guiane, où l'on ne voyait alors nulle part de routes frayées par l'homme, dans cette immense province habitée par des nations sauvages, par le timide Maïpouri, par des animaux et des plantes très-nombreux, et presque tous particuliers à cette terre, mais encore dans l'île de Cayenne, séparée de la Guiane par deux belles rivières qui se réunissent pour porter leurs eaux dans l'Océan. Il se hâta de parcourir plusieurs parties de ces contrées où la nature est encore vierge. Les premières excursions furent faites à ses frais, et sans autre guide que la curiosité. Quoiqu'élevé dans une maison opulente, où se trouvaient rassemblées toutes les douceurs et les commodités de la vie, son tempérament robuste lui permettait de s'exposer volontairement et sans regret aux plus dures privations. Les dangers, les entreprises difficiles, les courses lointaines et l'ardeur des découvertes, en grossissant la somme des besoins, ne faisaient que doubler ses forces, augmenter son désir de tout voir et de tout connaître, et l'entraîner à des travaux plus méritoires et plus glorieux. Les hommes dont il se faisait accompagner, et parmi lesquels on remarquait des créoles flibustiers, vigoureux et intrépides, ne pouvaient suivre la rapidité de sa marche, et souffraient de l'état de pénurie auquel son exemple les forçait à s'assujettir. Il acquit bientôt la réputation d'un voyageur déterminé et infatigable. Les administrateurs de la colonie le comblèrent de louanges et d'égards; ils résolurent d'employer son zèle, et de profiter de son dévouement pour connaître toutes les ressources qu'offrent aujourd'hui la Guiane et l'île de Cayenne, et assurer par là les plus grands avantages de la colonie.

Heureux d'être utile à ses semblables, jaloux de répondre à la confiance que chacun s'empressait à lui accorder, nous allons le voir, avec un étonnement qui tiendra souvent de l'émotion, se distinguer par des traits de courage, dont la nature, les dangers et l'obscurité sur-tout, exigeaient peut-être plus d'énergie, de générosité et de véritable grandeur d'ame au fond des déserts, qu'il n'en faut, sous les yeux de la renommée, dans les combats et dans les champs de la victoire. Quand on réfléchit à tout ce que l'amour des conquêtes, à tout ce que la soif de l'or ont fait entreprendre aux Européens dans le Nouveau Monde, à travers les écueils de la mer, les tempêtes les plus affreuses, et la résistance plus orageuse encore de ses malheureux habitans, on se reproche l'admiration trop long-tems accordée aux vainqueurs ; mais en considérant le savant modeste dont nous pleurons aujourd'hui la perte, au milieu des plus grands dangers, déployant le courage le plus exemplaire et affrontant chaque jour, à chaque instant, mille morts différentes ; mais quand on le voit ainsi se dévouer au bien de l'humanité, quand on voit que ce mobile, si puissant sur les ames les plus heureusement nées, a toujours été son seul but, son seul aiguillon, le sentiment le plus doux, le plus précieux s'empare de notre ame, et nous rend plus sensible encore la perte que nous déplorons.

Dans une de ses courses il avait visité des habitations éloignées de Cayenne de près de trente-un myriamètres (80 lieues) ; là il fut prévenu qu'on voyait de tems en tems au loin, dans l'immensité des vieilles forêts, dont cette partie du Nouveau Monde est couverte, des feux qu'on devait attribuer aux abattis que des nègres marrons y brûlaient. Les colons lui donnèrent quelques autres indices qui ne lui laissèrent aucun doute sur l'existence d'un établissement considérable de nègres fugitifs, armés sans cesse dans les ténèbres contre la tranquillité des propriétaires. Fixée au milieu des bois où le gibier, les quadrupèdes et la pêche assurent une nourriture abondante, une pareille réunion, que l'on soupçonnait encore avoir été grossie par une bande nombreuse d'anciens nègres marrons de la rivière de Surinam, était bien capable de jeter la colonie de la Guiane dans les plus grandes inquiétudes. Il était important de s'assurer de cet établissement ; mais comment le surprendre ? Sonnini résolut d'aller à la découverte, et ayant relevé l'aire de vent dans laquelle les feux avaient été aperçus, il se mit en route à travers les bois. Après avoir marché pendant quinze heures environ, un coup de fusil fortement chargé retentit dans la forêt; ne pouvant compter sur le dévouement du petit nombre de personnes qui l'accompagnaient, et sur-tout n'osant se fier aux deux jeunes nègres et aux deux indiens qui étaient de ce nombre, il se détermina prudemment à se retirer et il revint à Cayenne.

Sur le compte qu'il rendit au gouverneur de la colonie (*de Fiedmont*), de la course qu'il venait de faire, il reçut ordre de partir sur-le-champ avec un détachement, afin de rechercher, découvrir, attaquer et détruire les établissemens des nègres marrons. On espérait tout de son zèle et de sa bonne volonté, mais on craignait de le voir entreprendre des courses non pas au-dessus de ses forces personnelles, mais au-dessus de celles de son détachement : il lui fut en conséquence recommandé de ne point exposer son détachement à périr de fatigues et de misère, ou à se perdre.

Le 19 octobre 1773, il se mit en route, suivi de huit volontaires et de six indiens. Au haut de la rivière de la Comté, il devait prendre trois autres indiens qui se trouvaient être précisément, et sans qu'il pût s'en douter, les espions et les agens des nègres fugitifs qu'il allait chercher. Ceux-ci furent avertis de son approche ; ils se sauvèrent, et SONNINI ne trouva plus que des débris de cases qui annonçaient que l'établissement était nombreux, et qu'il avait à faire à forte partie. Il est vrai qu'il avait avec lui d'excellens soldats, bien fournis de munitions, et que sa marche était assurée par un gros détachement de miliciens, chasseurs et indiens, sous les ordres du chevalier *de Balzac*, mais le danger qu'il courut n'en fut pas moins imminent.

Profitant alors de la bonne volonté de ses compagnons, notre infatigable voyageur entreprit une excursion topographique dans toute la largeur de la Guiane. C'était le premier voyage tenté dans ces contrées absolument inconnues. Il en avait parlé avec le gouverneur qui ne désapprouva point son projet, mais lui fit défenses expresses de passer le Rio Negro, rivière considérable, limite naturelle de la Guiane du côté du Pérou. Cinq mois furent employés à cette expédition, pendant lesquels le jeune SONNINI fit plus de cent cinquante-cinq myriamètres (400 lieues) à pied, dans d'épaisses forêts, sans chemin, ni trace, obligé de se frayer un passage à travers les lianes dont ces forêts sont embarrassées, sans autres provisions que le produit journalier de la chasse et de la pêche, sans abri contre les torrens de pluies qui noyent quelquefois d'une manière si effrayante les contrées voisines de l'équateur, enfin sans autre guide que la boussole et les observations. L'habitude de faire usage de l'une et de suivre exactement les autres, lui servit si bien qu'il ne dévia pas d'un instant de la route projetée, malgré les sauts ou cataractes qui interrompent sans cesse le cours des nombreuses rivières qu'il devait traverser, malgré la multitude d'obstacles à vaincre et les embarras toujours renaissans qu'il avait à surmonter. Le zèle et la prudence qu'il déploya dans cette entreprise hardie lui concilièrent l'estime de ses chefs, la reconnaissance de tous les Colons, et lui établirent une telle réputation que lorsqu'il s'agissait de détacher des volontaires pour quelque expédition dans l'intérieur des terres, tous demandaient avec instance de marcher sous l'égide du brave SONNINI.

Dans ce grand voyage, quoiqu'il eût eu beaucoup à souffrir, et qu'il dût passer trois jours entiers sans prendre de nourriture, non-seulement il n'égara point son détachement, mais il ne perdit pas un seul homme. Il a toujours eu le même bonheur dans ses différens autres voyages.

De retour à Cayenne, en avril 1774, il songeait déjà à quelqu'autre expédition, lorsqu'il apprit que les administrateurs de la colonie désiraient vivement que l'on parvînt à découvrir une route par eau, pour se rendre à cette chaîne de montagnes volcaniques connue dans le pays sous le nom d'un nègre marron qui s'y était autrefois réfugié.

La montagne *la Gabrielle* était depuis long-tems réputée par l'excellence de son terrain que l'on comparait à celui de Mathuri, autrement dit la côte, dont les productions se font également remarquer par la quantité et la qualité. Quoique seulement éloignée de trois myriamètres (8 lieues) de Cayenne, cette montagne était encore inculte ; on ne pouvait y arriver par terre que par un long et pénible circuit; d'immenses plaines basses et marécageuses, dans lesquelles on ne voit aucun arbre, mais seulement de l'herbe, des roseaux, des palétuviers, et quelques tiges éparses de palmiers lataniers, empêchaient toute communication directe avec *la Gabrielle*. Ces plaines, appelées savanes, sont continuellement couvertes d'eau, peuplées d'une énorme quantité de poissons, de caïmans, de reptiles dangereux qui en soulèvent et infectent la fange, d'oiseaux aquatiques, et sur-tout fréquentées par des myriades de maringouins et de moustiques dont les piqûres sont insupportables.

Depuis l'établissement de la colonie française en 1664, on avait tenté plusieurs fois, mais toujours en vain, de trouver un chemin à travers ces masses croupissantes. La dernière tentative faite par DE LA MANCELLIÈRE, avait détruit toute espérance ; cet officier, qui passait pour très-courageux et entreprenant, avait tâché de se frayer une voie dans les savanes; il s'était embarqué au pied de la Gabrielle, et après avoir long-tems erré dans ces lieux infects, il était enfin parvenu à la crique de la Marianne, d'où l'on se rend aisément à Cayenne en trois heures de tems : mais ce voyage fut inutile, puisque son auteur, effrayé des difficultés qu'il avait éprouvées et des dangers qu'il avait courus, n'osa ni achever son entreprise, ni la recommencer.

SONNINI en est instruit; tous ces détails si fâcheux et si pénibles, loin d'ébranler son courage, aiguillonnent son zèle et son amour-propre, et quoiqu'il n'eût pas encore vu ni les savanes noyées, ni la montagne la Gabrielle, il se dévoue au grand intérêt de la colonie; il offre des efforts qui ne pouvaient se confier qu'à un homme déjà éprouvé; il promet la réussite à moins d'impossibilité physique, et s'embarque sur un frêle canot avec dix Indiens.

Il est difficile de se faire une idée des peines qu'il éprouva pour obtenir le succès qu'il s'était promis et qu'il avait promis aux autres. Pendant douze jours il affronta courageusement toutes les horreurs de la soif et de la faim, tous les inconvéniens des eaux stagnantes qui l'infestaient, des pluies qui l'inondaient, des insectes dont il était dévoré, de la fièvre et des maladies qui l'affaiblissaient, des murmures de ses compagnons que sa présence seule pouvait contenir; mais le pire de tous les maux était pour lui la lenteur désespérante du succès. Enfin il réussit, le voilà sur cette montagne tant désirée, son équipage reçoit des secours, il prend lui-même des rafraîchissemens dont le besoin était si pressant, il est heureux! Satisfait de son triomphe, il retourne avec joie dans son canot, et dans moins de deux jours, par le chemin qu'il s'était frayé, il rentre à Cayenne.

A son arrivée, il reçoit de tous les colons en général et de chacun en particulier les témoignages du plus tendre intérêt et de la reconnaissance la plus vraie. Les administrateurs l'accueillent avec empressement et donnent son nom au canal qu'ils ont fait creuser sur sa route. Ainsi, touchant à peine à sa vingt-troisième année, son nom était déjà gravé d'une manière immortelle sur la surface de la terre et dans les annales de l'une des belles colonies de la France!

L'importance de cette découverte, qui augmente encore chaque jour par le succès des plantations faites sur la Gabrielle des plantes à épiceries des Moluques (1), les services qu'elle rend à la colonie de la Guiane, et par une suite nécessaire au commerce de la France, fixèrent les regards du Gouvernement; Sonnini fut promu au grade de lieutenant avec l'expectative d'une prochaine place d'ingénieur, qu'il obtint en effet peu de tems après.

Sur ces entrefaites, il fit un voyage en France où il apporta une belle collection d'oiseaux rares et peu connus dont il enrichit le Cabinet d'histoire naturelle. Il fut reçu de la manière la plus honorable par le Ministre de la marine (*de Sartines*), qui l'engagea fortement à retourner à la Guiane, et *Louis XVI* lui donna un brevet de correspondant de son cabinet, avec une pension que Sonnini négligea de recevoir et de réclamer pendant ses voyages subséquens.

En se rendant cette seconde fois à Cayenne en 1775, Sonnini visita la côte occidentale de l'Afrique depuis le cap Blanc, si redouté par les navigateurs, jusqu'à Portudal, où les Français ont un comptoir; l'île de Gorée très-petite et stérile, mais d'une grande importance à cause de la bonté de sa rade; les terres de Damel, ce singulier potentat de Cayor et de Baol, plutôt soumis à l'administration de l'île de Gorée qu'il n'est dans le cas de lui donner des lois, quoique dépendante de ses domaines; le pays des Yolofes qui sont les nègres les plus beaux, les plus fidèles et les plus hospitaliers de cette partie de l'Afrique, et

(1) On y trouve aujourd'hui des forêts de poivriers, de girofliers, de cannelliers et de muscadiers. L'arbre à pain et la canne à sucre d'O-Taïti y prospèrent, ainsi que le caoutchouc et le durvia.

les îles du Cap Vert, alors désolées par les horreurs de la famine.

Je me souviens d'un fait dont il fut le témoin pendant cette traversée, et qui prouve combien le besoin rend l'homme industrieux. « Etant en mer, me disait-il, à cent lieues des côtes de l'Amérique, je rencontrai un navire des Etats-Unis chargé de chevaux et de planches pour notre colonie de Cayenne. Retardé par des calmes, contrarié par les vents, ce navire tenait la mer depuis long-tems, et sa provision de foin était entièrement épuisée. Il paraissait que le seul parti qui restât fut de jetter les chevaux à la mer, mais le capitaine s'avisa d'un expédient qui les sauva tous. Son bâtiment portait des planches tirées d'arbres récemment abattus (je ne me rappelle plus de leur nom) ; il en fit faire, avec des rabots, des copeaux déliés et aussi minces que des rubans. Ils furent distribués aux chevaux qui les mangèrent avec avidité. Depuis quinze jours ils n'avaient point d'autre nourriture et ils arrivèrent tous bien portans à Cayenne, où les pâturages leur rendirent bientôt leur embonpoint. »

Sonnini passa environ deux ans dans la colonie de la Guiane occupé à des voyages dont le résultat offrit à l'histoire naturelle la découverte de quatre espèces nouvelles de charançons (1), du sasa, oiseau particulier aux savanes noyées, que l'on a confondu avec le

(1) Le charançon nègre, celui des Savanes, celui à cuisses rouges, et le palmiste ; il en a publié la description en 1789 dans le *Journal de Physique*, tom. XXXV, pag. 264—270.

faisan ordinaire ou, comme HERNANDEZ, avec l'hoatzin du Mexique (1); des renseignemens très-curieux, sur les jaguars, les agamis et le tinamou cendré; enfin, une meilleure description de beaucoup d'animaux qu'on ne trouve que sous l'atmosphère humide et tiède de la Guiane (3). Mais bientôt au milieu de ses courses utiles une fièvre quarte opiniâtre vint assaillir notre ami. Comme il n'avait pas l'espérance de la voir disparaître dans un pays où l'on réussit rarement à la guérir quand elle est invétérée, il sollicita son renvoi en France. Cette résolution consterna tous les colons, et ce ne fut qu'à regret que son congé fut signé, à Cayenne, par le gouverneur, le 19 juillet 1776 (3).

Au retour de ce second voyage, il remit encore au Muséum d'histoire naturelle une grande quantité d'objets, parmi lesquels plusieurs étaient nouveaux, et il se rendit à Montbard, où BUFFON le demandait. Il y demeura six mois. « Ce tems, me disait-il sans » cesse, ce tems écoulé trop rapidement, est certes » l'époque la plus heureuse de ma vie, celle qui m'a » laissé les souvenirs les plus précieux. » C'est là que, au milieu des âpres frimas de l'hiver de 1776, tout entier au grand homme qui l'aimait, il fut par lui chargé de la rédaction de tous les articles d'ornitho-

---

(1) Voyez le *Journal de Physique*, tom. XXVII, pag. 222—224.

(2) *Hist. nat. de* BUFFON, édition in-8o, tom. XXVI, pag. 294, L. 18—50, etc.

(3) Ce voyage intéressant n'a pas été publié. Il mérite de l'être sous tous les rapports.

logie étrangère, depuis les gallinacés jusqu'aux oiseaux d'eau (1); c'est là qu'il puisa ce goût solide, ce tact délicat qu'aucune considération particulière, qu'aucune circonstance politique ne purent altérer; c'est là qu'il acquit le beau talent d'écrire, et devint, en un mot, ce qu'il fut, écrivain élégant et facile, penseur philosophe, peintre aimable de la nature.

Le Gouvernement venait de nommer le fameux baron *de Tott* inspecteur des Echelles du Levant et de Barbarie, et avait ordonné l'armement d'une fregate du port de Toulon pour l'y conduire. Cette expédition qui se rattache nécessairement au voyage du brave mais infortuné LAPEYROUSE, à la mission de DOMBEY au Pérou, de RENÉ DESFONTAINES au mont Atlas, de DANSSE DE VILLOISON au mont Athos si riche en manuscrits; cette expédition, dis-je, sourit à SONNINI, et bientôt il reçut des passeports pour s'embarquer sur ce bâtiment de guerre, et à son arrivée à Alexandrie, il trouva des ordres particuliers de *Louis XVI* pour voyager en Egypte.

Ce ne fut pas sans répandre des larmes abondantes

(1) Il en a décrit vingt-six espèces. Il me serait difficile de les distinguer des articles du maître, si les lettres de BUFFON et celles de GUENEAU DE MONTBEILLARD ne m'apprenaient que la description du fourmillier, du tangara jaune à tête noire, de l'organiste de Saint-Domingue, des cacatoès, des loris, des perroquets proprement dits, des perruches, du marail, du petit moineau à collier, et généralement de tous les oiseaux étrangers, depuis les gallinacés jusqu'aux oiseaux aquatiques, appartiennent à SONNINI. Tout ce que BUFFON cite comme extrait du *Journal d'un Navigateur* est encore de lui, ainsi que les notes relatives à l'Amérique données en preuves des assertions avancées dans les *Époques de la nature*.

qu'il se sépara de son hôte immortel. En partant il reçut les voeux et les embrassemens de BUFFON : c'était pour notre ami, comme il l'appelait lui-même, *la bénédiction du génie*. Le grand homme lui remit, en le pressant contre son sein, une instruction tracée de sa main savante, de laquelle il résulte qu'il se promettait du voyage entrepris par son disciple favori, les connaissances qui manquaient alors sur la nature et la qualité des marbres et des rochers de l'île de Malte; sur la distance à laquelle s'arrêtent les matières rejettées par les volcans dans les îles de l'Archipel; sur l'existence d'un golfe ou d'un promontoire vis-à-vis le golfe Adriatique; sur la hauteur des côtes d'Afrique; la profondeur des mers qui les baignent et le niveau de la mer Rouge et de la Méditerranée, la nature des rochers situés entre ces deux mers; la qualité des poissons et des coquillages dont elles sont remplies, les correspondances des lits de pierres et des angles dans les terres à travers desquelles s'est formé le détroit des Dardanelles jusqu'au Bosphore(1). L'esprit se

---

(1) Les naturalistes auront du plaisir à trouver ici cette instruction toute entière. Je la copie donc sur l'original que je tiens des mains mêmes de mon ami.

« M. le comte de BUFFON prie M. SONNINI-DE-MANONCOURT de lui donner, dans le cours de son voyage, des observations sur les objets suivans :

» A Malte, prendre des échantillons des prétendus marbres trouvés dans cette île, dont feu M. le Grand-Maître a fait faire de beaux ouvrages ; et aussi des échantillons du prétendu marbre de Gozzo, afin de pouvoir les comparer ensemble. Savoir de plus si les rochers de l'île de Malte sont vitrescibles ou calcaires, ou s'il n'y a point du tout de pierres calcaires dans cette île, et s'il n'y a pas des indices qu'elle ait été autrefois un volcan.

perd et se confond en considérant la profondeur des vues qui suggèrent de semblables recherches, l'éner-

---

» Dans l'île de Sicile et dans les îles de l'Archipel observer jusqu'à quelle distance environ on rencontre les matières rejetées par les volcans ; s'informer particulièrement à quelle distance de l'Etna l'on trouve des carrières des beaux marbres de Sicile.

» Dans la Grèce, savoir si l'ancienne carrière de marbre de Paros, qui est d'un blanc transparent, subsiste encore.

» Dans la Méditerranée, tâcher de savoir s'il existe en effet un golfe vis-à-vis le golfe Adriatique, ou s'il ne se trouve pas un cap, une espèce de promontoire dans les terres d'Afrique qui regardent le golfe Adriatique.

» Faire mention de la hauteur des côtes de l'Afrique dans tous les endroits où l'on pourra les voir. On assure qu'en général elles sont beaucoup plus basses que celles de l'Europe le long de la même mer.

» Faire aussi mention des sondes et de la profondeur de cette mer qui doit être moins grande du côté de l'Afrique que du côté de l'Europe, et ne pas oublier les courans, s'il y en a de remarquables.

» S'informer des différens endroits de cette mer où se fait la pêche du corail, comme au détroit de Bonifacio entre l'ile de Corse et celle de Sardaigne, et aussi autour de ces îles et le long des côtes d'Afrique, etc.

» Recueillir quelques morceaux de corail dans leurs différens états d'accroissement et de dépérissement, ainsi que quelques beaux madrépores, le tout dans la Méditerranée, et en faire une caisse pour le Cabinet du Roi.

» Faire pêcher à l'extrémité de la Méditerranée, près de l'isthme de Suez, des coquillages et en remplir un panier pour le Cabinet ; il faudra les mettre auparavant dans l'eau chaude pour en séparer l'animal, afin d'éviter la corruption.

» Tâcher d'avoir, s'il est possible, le niveau entre la Mer-Rouge et la Mer-Méditerranée.

» Remarquer de quelle nature sont les rochers qui se trouvent dans l'isthme entre ces deux mers, et faire mention de la hauteur de ces montagnes.

» Faire pêcher dans la Mer-Rouge, auprès de l'isthme, des coquilles et en remplir un panier ; y faire pêcher aussi quelques coraux et quelques beaux madrépores pour en faire une caisse ; y faire pêcher encore de beaux lithophytes et des éponges pour en faire une autre caisse, et s'il

gie du courage qui les entreprend, tandis que la masse des hommes, presque toujours étrangère au

---

se trouve des lithophytes dans la Méditerranée, près de l'isthme, en faire une autre caisse pour pouvoir les comparer.

» Dans le détroit, depuis les Dardanelles jusqu'au Bosphore, observer la hauteur des côtes et la nature des rochers des deux côtés du détroit; remarquer si les lits de pierre se correspondent, et s'il y a des angles saillans opposés aux angles rentrans; examiner aussi les différens effets que l'action des gelées et des eaux pluviales ont faites sur ces deux côtes du détroit, et savoir laquelle des deux est la plus rapide.

» Si l'on monte au-dessus de ces côtes du détroit, on remarquera s'il n'y a point de laves ou d'autres matières de volcans.

» Faire mention de la vitesse et de la profondeur des eaux depuis le Bosphore jusqu'aux Dardanelles.

» Faire pêcher un panier de coquilles dans la mer de Marmora et un autre panier dans la Mer-Noire à quelque distance du Bosphore et ne les pas mêler; il faut prendre garde aussi de ne pas mêler celles de la Méditerranée à celles de la Mer-Rouge.

» Au Caire, tacher de faire le voyage des Pyramides, et comparer la description donnée par DE MAILLET, dans le livre intitulé : *Description de l'Egypte*, publié par M. l'abbé LE MASCRIER, in-4° (Paris, 1735). M. SONNINI-DE-MANONCOURT pourra trouver ce livre à Marseille, ou en faire un extrait.

» Tâcher de voir aussi les fameuses carrières voisines de la Thébaïde, qui sont toutes composées de porphyre, de jaspe et de granit; mais je crois cette entreprise difficile.

» En Barbarie, tâcher de voir un jumars qu'a décrit le docteur SHAW.

» Recueillir partout les animaux quadrupèdes et les oiseaux que M. SONNINI-DE-MANONCOURT jugera nouveaux pour nous; les faire préparer et nous les envoyer pour le Cabinet.

» Comparer aussi les poissons qui se trouvent dans la Méditerranée, près de l'isthme, avec ceux de la mer rouge près du même isthme.

» Si l'on voit en mer quelques trombes, ne pas manquer d'en faire la description.

» Si l'on peut faire jeter la sonde entre la Sicile et Malte, s'assurer de la profondeur qui ne doit pas être grande; on sait que la profondeur du détroit de Bonifacio est fort petite entre l'ile de Sardaigne et celle de Corse, et que c'est-là où l'on trouvait beaucoup de corail dans les années dernières.

» A Montbard, ce 5 mars 1777. *Signé*, le comte DE BUFFON.

sol qu'elle habite, ignore et laisse ignorées les importantes vérités physiques écrites autour d'elle.

Le 26 avril 1777, SONNINI-DE-MANONCOURT s'embarque sur la belle frégate l'*Attalante*, et après une traversée assez orageuse, il s'arrête à Malte, où il se lie d'amitié avec DOLOMIEU, cet infatigable observateur que les sciences naturelles vénèrent comme un de leurs partisans les plus chéris, comme une de leurs victimes les plus illustres, et en peu de jours il touche la terre de l'Egypte. Il arriva le 20 juin à Alexandrie. Je ne le suivrai point au pied des pyramides, des énormes colonnes du temple de Denderah, de toutes les ruines gigantesques qui couvrent le sol le plus fameux de l'antiquité, ni dans les vastes catacombes, séjour ténébreux des morts, que les éboulemens trop fréquens rendent très-dangereuses à la curiosité. Je ne le suivrai point dans les déserts d'Abou-Mandour, où le sable mouvant s'éboule sous les pieds et ne laisse aucune trace de l'empreinte qu'il vient de recevoir; ni dans l'immense désert de la Lybie, que l'Arabe, familiarisé avec ces solitudes d'une aridité brûlante, parcourt en tous sens, et où il ne s'égare jamais; je ne le suivrai point, dis-je, dans les plaines inhabitées de la Haute-Egypte, le spectacle de la destruction porte à l'ame un sentiment trop pénible. Je ne parlerai point des dangers auxquels notre voyageur fut exposé dans sa longue navigation sur le Nil, dans ses courses périlleuses vers la Mer-Rouge, ni de l'état misérable dans lequel il vit les habitans des campagnes, cette masse d'esclaves également abrutis et féroces. Je n'essaierai point non plus à retracer ici la peinture qu'il fait des mœurs des différens peuples de l'Égypte ; les détails intéressans qu'il donne sur les devoirs religieux qu'ils rendent aux morts, sur l'agriculture et le commerce de cette contrée célèbre. Je ne citerai point sa belle description du Delta, de cette plaine sortie du sein des eaux, où le printems est éternel, où l'or des guérets succède à la verdure des prairies, et où de nombreux troupeaux ajoutent encore à la beauté du paysage. Enfin, je ne répéterai point ce qu'il dit des oiseaux, des quadrupèdes et des nombreux insectes, je craindrais d'affaiblir les charmes de son coloris pur et toujours frais; en un mot, je craindrais de porter une main profane sur sa manière de peindre les grandes beautés de la nature. D'ailleurs, la narration de ce voyage est entre les mains de tout le monde ; on la lit généralement avec plaisir, et on la consultera toujours avec intérêt, même après les écrits de Shaw, de Pococke, de Bruce, de Volney, de Savary et de Browne. Il me suffit de dire qu'il a parcouru ce pays dans tous les sens, en naturaliste, avec des yeux essentiellement observateurs (1), et qu'il est parmi les Français, depuis le chirurgien Granger qui voyageait en 1730, le seul qui ait remonté le Nil jusque près de ses cataractes.

---

(1) On lui doit la découverte des houhous, oiseaux inconnus des naturalistes avant son départ, sur lesquels il donne des détails fort curieux (*Voy. en Egypte*, tom. I, p. 339-342) ; d'une nouvelle espèce de faucon (p. 364-367) ; d'une autre espèce d'oiseaux de proie qu'il décrit, mais à laquelle il n'ose donner un nom (tom. II, pag. 59 et suiv.) ; de la belle espèce du pluvier coure-vite (pag. 240—243). On lui doit une parfaite

Son intention était de parcourir toute la longueur de l'Afrique, dans son milieu, depuis le golfe très-peu connu de la Sidre, jusqu'au cap de Bonne-Espérance. Ce projet gigantesque, dont l'idée seule effraye l'imagination, ne fut point approuvé par le gouvernement, et ne put se réaliser : je crois même qu'il ne se réalisera jamais. Cependant des étrangers paraissent aujourd'hui vouloir l'entreprendre, et l'annoncent comme une idée nouvelle, quoiqu'elle appartienne toute entière à SONNINI-DE-MANONCOURT.

Ce voyageur est le premier qui ait donné une parfaite connaissance du pays situé entre Damanhour, la capitale du Bahiré, et les lacs de Natron où se trouvent le brillant phénicoptère, plus connu sous le nom de flamant, et des troupeaux de bêtes fauves. L'exacte description de cette contrée (1), et généralement de toute l'Egypte, lui a mérité l'honneur de voir deux de ses routes tracées, avec cette inscription : *route du voyageur* SONNINI, *en* 1778, sur la grande et magnifique carte de l'Egypte, dressée en vingt-quatre feuilles, ensuite des ordres de S. M. I. et R., par les ingénieurs du dépôt de la guerre. Cette justice, rendue au mérite, consacre encore une fois le nom de notre illustre ami dans les fastes de la géographie et de l'histoire.

---

connaissance des pétrels connus des navigateurs sous le nom d'*oiseaux de tempête* (tom. I., pag. 36), du jerbo dit d'Egypte (pag. 156 et suiv.), de la mangouste ou ichneumon qu'il a observée dans son pays natal et dans l'état de liberté (pag. 326 et suiv.), et la certitude de l'existence des rossignols dans cette contrée brûlante et dans toute l'Afrique (tom. II, pag. 57 et suiv.), etc., etc.

(1) *Voyage en Egypte*, tom. II, pag. 138—166.

En quittant les plages inclinées de l'Egypte, SONNINI partit le 17 octobre 1778 pour la Turquie, et visita la terre classique qui vit naître HOMÈRE, SOCRATE et XÉNOPHON. A ces noms seuls, mon ame parcourt la sphère des connaissances humaines; toutes les pages de l'histoire de la Grèce se déroulent à ma pensée; j'admire le génie de ses poëtes, de ses philosophes et de ses historiens; j'admire le courage de ses enfans, les vertus de ses citoyennes, et la sagesse de ses lois. J'envie le bonheur de celui qui peut fouler cette terre à jamais auguste, et je maudis les circontances qui, des rivages de l'Iapygie (1), son ancienne colonie, ne me permirent point de descendre sur les côtes de la Grèce, sur ces côtes célèbres autrefois par les émigrations des Pélasges et les Oracles de Dodone.

Le voyage de la Grèce et de la Turquie est, comme celui d'Egypte, le fruit de près de deux années d'observations. Son auteur a plus particulièrement dirigé ses recherches dans les îles de la mer Égée, *dans cette multitude de groupes de terres et de rochers, jetés sans ordre au milieu de cette mer, comme un monument éternel de sa conquête sur le Continent.* Néanmoins, ce n'est pas aux seules îles de l'Archipel que SONNINI borna ses voyages et ses curieuses observations: la grande et basse île de Candie, dans laquelle il a fait plusieurs longs séjours;

(1) Les anciens donnaient ce nom à la partie de l'Apulie qui avance en forme de presqu'île vers l'Epire, et qui constitue ce qu'on appella aujourd'hui le talon de la botte italique.

quelques parties de l'Asie mineure, de la Macédoine et de la Morée, ont été le but de ses démarches, et sont l'objet de ses récits.

Assez d'autres voyageurs ont décrit les monumens de la Grèce, ont fait connaître les fragmens précieux dont elle est encore aujourd'hui couverte. SONNINI, en nous entretenant de ce berceau des Grâces et du bon goût, s'attache sur-tout aux observations d'histoire naturelle, objet principal de ses études; cependant il n'oublie rien de ce qui peut intéresser, sous le rapport des mœurs, des antiquités, et des avantages réels du commerce. Parmi les détails qui fixent davantage l'attention, on remarque sur-tout ceux qui sont relatifs aux époques les plus solennelles de la vie des peuples modernes de la Grèce. Ici, l'on assiste avec l'auteur à l'accouchement d'une femme des îles de l'Archipel: une méthode tout-à-fait bizarre contribuerait, chez ces insulaires, à rendre très-pénible cet effort de la nature, si les plus heureuses dispositions n'en avaient autrement ordonné. Là, j'aime à le voir nous découvrir la beauté des jeunes Grecques, dont les traits réfléchissent les affections vives et profondes de la sensibilité; nous les montrer telles qu'elles sont, passionnées, et cependant d'une grande réserve; aimables sans prétention, décentes sans morgue, charmantes sans afféterie, susceptibles des plus doux épanchemens de la tendresse, d'un dévoûment absolu, et des plus beaux élans de l'énergie et du courage. J'aime à le voir venger les femmes de l'Argentière et de Milo, de l'imputation calomnieuse de plusieurs voyageurs, et payer à leurs charmes le juste tribut que commandent la modestie et la retenue. Par-tout, je loue le ton de loyauté, l'abandon touchant de sa narration, et je lui trouve une physionomie toute particulière.

Comme cet écrivain est aimable quand il nous peint sur les sommets agrestes et inhabités des montagnes, le merle solitaire, dont les accens flûtés et mélodieux flattent l'oreille et pénètrent l'ame disposée à une douce mélancolie ! Comme il séduit quand il nous peint les amours et les doux soins de la tourterelle à plumage d'un gris rougeâtre ! Comme les traits de sa plume délicate sont pénibles, comme sa sensibilité est vraie et profonde, lorsqu'il voit l'ignorance et la superstition, sa compagne ordinaire, habiter les belles contrées de la Grèce, y répandre partout leur sinistre influence, et placer leurs habitans à plusieurs siècles de la civilisation de l'Europe !

A la suite de ce voyage intéressant, Sonnini fit une campagne de guerre sur la frégate française la *Mignone*, commandée par son ami le chevalier d'Entrecasteaux, et chargée d'escorter un convoi de plus de soixante voiles. Il contribua singulièrement à sauver et cette frégate et le convoi qu'elle protégeait, par la promptitude avec laquelle il établit une forte batterie sur un morne de la rade de Milo, où les marins français furent attaqués par deux cutters anglais de la flotte de l'amiral Keppel. Le combat fut très-vif, la résistance des plus opiniâtres et ce fut seulement après quatre heures d'un égal acharnement que les cutters très-maltraités se retirèrent et sortirent du port pour ne plus reparaître : cet événement eu lieu le 27 mai 1780.

La croisière de la *Mignone* dans le Levant étant terminée, ce vaisseau rentra dans le port de Toulon, le 18 octobre suivant, et peu de jours après SONNINI courut sous le toit paternel dans l'espérance d'y trouver le repos si nécessaire après tant de fatigues ; il vint au sein de ses propriétés pour y goûter ce calme de l'ame, cette sérénité de l'esprit que réclamaient la narration fidèle de ses courses lointaines, des excellentes observations qu'il avait rassemblées. Hélas ! que son cœur fut cruellement déçu ! Sans doute il n'eut point à se plaindre de l'acceuil franc et désintéressé que lui firent les habitans du village dont son père était le seigneur : il le citait toujours avec reconnaissance (1), mais de retour dans sa patrie, il

(1) « Je me rappelle toujours avec attendrissement un trait de bienfaisance dont je fus l'objet (écrivait-il en 1808). Sorti jeune de mon pays natal et destiné à des expéditions de long cours, mes traits avaient eu le tems de s'effacer du souvenir des habitans de la terre de mes pères. Environ quinze ans après mon départ et pendant mon absence, un homme à peu près de mon âge se présente sur cette terre hospitalière ; il portait les livrées de la misère et paraissait chercher des secours. Quelques villageois croyent me reconnaître ; le bruit de mon arrivée se répand ; tout le monde veut voir, embrasser le fils de l'ancien seigneur, dont les jeux de l'enfance étaient encore présens à la mémoire ; on se l'arrache, on lui sert les meilleurs mets, le vin le moins nouveau, on le régale à l'envi pendant plusieurs jours : et lorsque mon *Sosie* veut s'éloigner dans la crainte d'être d'écouvert, on le charge de linge, d'habits et d'argent. Ce ne fut qu'à mon retour bien réel que ces bonnes gens reconnurent qu'ils avaient été la dupe d'un aventurier qui avait su profiter adroitement de la méprise à laquelle il s'aperçut qu'il donnait lieu. » (Disc. prél. du *Cours complet d'Agriculture pratique*, in-8°, tom. I, pag. VI et VII.)

s'éleva contre lui des débats de famille, tels qu'en suscitent souvent des parens avides, empressés de spéculer sur les biens de ceux dont une absence trop prolongée rend l'existence incertaine. Son éloignement de l'Europe éveilla la cupidité de quelques parens ; son silence forcé les enhardit ; ils travaillèrent bientôt, et ne réussirent que trop à s'approprier son héritage qui, du reste, n'était pas aussi considérable que le public l'imaginait, parce que son père, ami du faste et de la représentation, avait dissipé une grande partie de sa fortune. Il dut tout quitter, tout oublier pour arracher son mince héritage des mains des déprédateurs. Long-tems en butte aux intrigues de certains misérables qui tout en le caressant d'une main, de l'autre abusaient de son inexpérience dans les affaires, de son insouciance sur des intérêts pécuniaires, de sa franchise, de sa confiance et de l'abandon d'un caractère généreux ; long-tems accablé de tracasseries, de contestations sans cesse renaissantes ; obligé à des sacrifices nombreux, abreuvé de dégoûts, il obtint enfin gain de cause au parlement de Nanci. Mais son extrême sensibilité, ce noble mouvement du cœur qui lui concilia l'estime et l'amitié de tous ceux qui sûrent pénétrer dans son intérieur ; cette heureuse disposition de l'ame qui devait faire les délices de sa vie, devint alors la source de tous ses chagrins futurs. Il avait courageusement bravé la férocité des habitans de la Haute-Egypte, supporté la mauvaise foi de quelques Orientaux, le pillage des Arabes, la parcimonie de ceux mêmes qui l'avaient chargé de mission ; il ne put voir d'un même œil les persécutions de son frère et son odieux acharnement. Des maladies violentes vinrent lui ravir et son tems et sa santé ; une sombre mélancolie enveloppa son ame toute entière, désenchanta son esprit ardent, sa brillante imagination. Dès lors ce tempérament robuste qui, pendant huit années, avait su résister à l'ardeur du climat de l'Afrique, à l'humidité bouillante de l'équateur dans l'Amérique ; dès lors cette constitution physique que l'excès des fatigues, que l'anxiété des privations n'avait pu altérer, se brisèrent contre les langueurs du repos et le plongèrent dans une nullité qui ne convenait point à sa vie active, et dont on ne sort le plus souvent, il faut le dire, que par l'intrigue, l'importunité, des mensonges et d'avilissantes sollicitations.

Cependant au milieu des tourmentes de cette affreuse tempête, si cruellement étrangère à ses habitudes et à son cœur, la philosophie vint à son secours. Il lui sourit, et trop heureux d'avoir enfin récupéré une petite ferme à Manoncourt, et environ soixante mille francs d'argent placé par son père, il se bâtit un manoir assez agréable et y créa des jardins que l'on venait voir de loin, à cause de leur bonne tenue et de la variété des plantes qu'il y avait réunies. Il cultivait lui-même ses terres, et par son exemple il a beaucoup contribué à l'amélioration de la culture dans les départemens de la Meurthe, des Vosges, de l'Aisne (1)

(1) A son retour d'Egypte il fit de grandes plantations à Lironcourt département des Vosges et à Marigny près de Château-Thierry, où il s'était réfugié jusqu'au moment où il put prendre possession de son domaine de Manoncourt près de Nanci.

et circonvoisins. Il à révélé aux habitans de la campagne des mystères que les préjugés, l'ignorance et la routine leur avaient jusqu'alors fait méconnaître ; il leur a appris ce qui leur fallait pour tirer le plus grand avantage de leurs terres et de leur tems.

Livré tout entier aux travaux de l'agriculture, et pénétré des sentimens doux et paisibles qui en sont l'apanage, il fit beaucoup d'essais en grand (1) pour l'introduction dans notre système agricole de plusieurs végétaux exotiques d'une utilité reconnue. Il s'en faut bien qu'un égal succès ait couronné toutes ses entreprises en ce genre ; mais il faut tenir compte à un cultivateur même des tentatives qui ne réussissent pas, lorsqu'il en rend compte avec franchise. D'ailleurs, il en est quelques-unes qui lui réussirent au-delà de toute espérance. C'est à ses soins que la France est redevable, 1° de l'importante acquisition du chou-navet de Laponie ou rutabaga, comme d'autres l'appèlent (*brassica oleraceb napo brassica*), qu'il montrait avec raison comme pouvant le plus contribuer à relever et à faire prospérer l'agriculture (2) ; 2° de la culture de la grande vesce

---

(1) Je ne fais mention que de ceux-là ; parce qu'ils sont les seuls qui aient véritablement de l'importance pour l'économie rurale et domestique.

(2) *Mémoire sur la culture et les avantages du chou-navet de Laponie*, in-8°, Paris, 1788. — Réimprimé en 1804, augmenté de quelques considérations générales sur la culture des terres et des prairies, sur les fourrages, et d'autres sujets qui intéressent également la prospérité de l'Agriculture et la morale publique.

ou lentille du Canada (*ervum soloniense*) qui réussit dans les terrains les plus maigres, fournit trois coupes abondantes d'un fourrage succulent, et recherché des chevaux, des bœufs, des vaches et des moutons, et qui donne des graines propres à la nourriture de l'homme (1) ; 3° du fenu-grec (*trigonella fœnum-græcum*), cette jolie plante dont on obtient un très-beau rouge incarnat, un excellent fourrage, un légume agréable, et qui, sous le nom de *helbé*, est en si grande réputation chez les Egyptiens, qu'ils estiment heureux les pieds qui pressent la terre sur laquelle elle croît (2) ; 4° enfin, de la julienne (*hesperis matronalis*), plante oléifère qui donne plus d'huile que la navette et le colza, plante aux fleurs odorantes dont on parle souvent, sans rappeler qu'il fut le premier à la cultiver en grand et qui en ait écrit (3).

Le 13 juillet 1788, il éclata sur une vaste étendue de la France une tempête mêlée de grêle qui détruisit en un moment la majeure partie des brillantes espérances des laboureurs, des vignerons et des jardiniers. Toujours attentif, toujours prêt à obliger,

---

(1) *Sur la lentille du Canada*, note insérée dans le premier cahier de l'année 1789 des *Mémoires publiés par la Société royale d'agriculture*, pag. xix—xxij, et tom. XXXIV, pag. 210—212 du *Journal de Physique*.

(2) *Mémoire sur le fenu-grec*, inséré, pag. 245 et suiv. du Ve vol. de la *Feuille du Cultivateur*. Voyez aussi les détails que SONNINI donne sur cette plante dans son *Voyage en Egypte*, tom. I, pag. 379 et suiv.

(3) *Culture de la Julienne comme plante utile*, mémoire in-8°, Paris an XIII (1804).

pénétré du malheur qui affligeait les campagnes et voulant les secourir par des conseils sages, SONNINI publia sous le titre de *Vœu d'un agriculteur* (1), quelques moyens de remédier aux ravages de la grêle et de la disette des grains. Cet ouvrage renferme des vues qui méritent d'être méditées. Les moyens qu'il propose sont l'économie du blé, la circonspection dans son emploi, la suppression de la poudre pour les cheveux, cette singulière et nuisible extravagance qui prit naissance, il y a deux siècles, dans un couvent de religieuses, etc., etc.

Des travaux aussi louables, un mémoire aussi utile, lui méritèrent, le 22 janvier 1789, des lettres de correspondant de la Société royale d'agriculture. Il appartenait déjà aux Académies de Nanci, de' Forti et degli Arcadi (2) de Rome. Il fut depuis recherché de toutes les réunions savantes et littéraires. La société des minéralogistes de Iéna, celle de l'Afrique intérieure établie à Marseille et dont il était président depuis le 9 août 1802, furent des premières à l'associer à leurs utiles travaux (3). Il avait accepté ces témoignages d'estime, non par le désir d'étaler

---

(1) Broch. in-8°, Paris 1788.

(2) Il y était inscrit sous le nom de *Fisiofilo*.

(3) Il était l'un des vingt titulaires de l'Académie fondée en Lorraine par STANISLAS; membre de la Société d'agriculture de la Seine, des observateurs de l'homme, des Académies et Société d'agriculture de Marseille, Caen, Boulogne-sur-Mer, du Mans, de Grenoble, de Châlons-sur-Marne, de Provins, de la Société d'émulation de Colmar, de celle de statistique et de galvanisme de Paris, de l'Académie celtique, etc., etc.

de vains titres qui font si souvent ressortir la petitesse du personnage qui les porte, mais par respect, par amour pour les sciences. Il regardait avec raison ces établissemens, mal jugés, comme les canaux de l'instruction, comme les intermédiaires pour l'échange des connaissances, comme des foyers où l'émulation travaille incessamment à vaincre la paresse si naturelle à l'homme. Malgré le vernis défavorable répandu sur les académies, il faut le dire, on leur doit la conservation des découvertes dont s'honore l'humanité; on leur doit le progrès des sciences, la renaissance des beaux arts, et l'heureux changement apporté dans les mœurs qui séparent à jamais les tems modernes des siècles barbares du moyen âge.

SONNINI jouissait alors en paix de ses terres et de ses livres; mais cette époque heureuse de sa vie fut bientôt troublée par les orages politiques.

Dès les premiers jours de la révolution, ses compatriotes le choisirent pour juge-de-paix. Il en exerça les fonctions pendant deux ans et demi. L'assemblée électorale le nomma juge au tribunal du district de Nanci. Ce tribunal ayant été cassé, SONNINI fut élu membre de l'administration du département de la Meurthe. Voyageur par état et par besoin, cultivateur par goût, il s'acquit bientôt la réputation d'administrateur intègre et laborieux. Elle ne le mit point cependant à l'abri de l'injustice, et ne put suspendre un seul instant la mesure arbitraire qui frappa toute l'administration départementale en 1793, et qui envoyait dans les prisons du tribunal révolutionnaire SONNINI et tous ses collègues, sous le prétexte qu'ils avaient laissé manquer de vivres les armées du Rhin et de la Moselle. Leur justification était dans la voix du peuple et dans l'état de pénurie absolue de tous les administrés. Après cinq mois de détention, ils furent rendus à leurs foyers et réintégrés dans leurs fonctions. Ce triomphe fut de très-courte durée pour Sonnini, puisqu'un mois après il fut destitué comme ex-noble et frère d'émigré.

De semblables vicissitudes assombrirent de nouveau son ame, il s'éloigna pour toujours de la scène politique que les brusques ondulations des actions et réactions rendaient si fâcheuse ; il sentit le besoin de goûter entièrement le calme de l'étude, et de se concentrer dans ses goûts ; il rentra donc chez lui, pour vivre désormais entouré des bons villageois de Manoncourt, de ses livres et de ses plantes.

Ce fut alors que je fis sa connaissance. Je lui fus présenté par son ami et mon professeur de botanique, le bon, le généreux, le savant Remi Willemet que les précieuses qualités de son ame, que ses utiles écrits feront regretter à jamais. Du premier jour nos malheurs nous rapprochèrent. Je l'intéressai par mon goût pour les sciences naturelles, par ma passion pour l'étude, par le besoin que j'avais de ne perdre aucun moment pour m'instruire et remplir la lacune immense que les événemens politiques laissaient dans mon éducation. Il m'accueillit donc avec bonté, daigna m'associer à ses travaux agricoles et voulut bien devenir mon maître. Dès-lors nos rapports furent de tous les instans, et lorsque d'autres devoirs m'éloignaient de lui, nous nous écrivions. Il me suivait ainsi par-tout, guidant mes pas dans la carrière de l'étude, présidant à mes travaux champêtres, et m'honorant d'une amitié franche et vraiment paternelle. J'appris ainsi à connaître son ame toute entière, à pénétrer au fond de son cœur. Satisfait de l'impression que faisaient les avantages de telle plante nouvelle sur les villageois, sur ces esprits d'une trempe peu flexible, qui se décident difficilement à adopter des pratiques inconnues à leurs pères, je l'ai vu distribuer des semences à tous ceux qui en désiraient, et les distribuer gratuitement, car dans son opinion, l'ombre seule de l'intérêt affaiblissait le mérite qu'on acquiert en faisant le bien. Je l'ai vu dans un tems où des réquisitions sans cesse renouvellées désolaient l'agriculture, violentaient les propriétaires, et enlevaient à la charrue, déjà si appauvrie de forces motrices, hommes, chevaux et bœufs, je l'ai vu, dis-je, tout sacrifier, tout mettre en œuvre, pour soulager les braves habitans de Manoncourt; je l'ai vu, pour ainsi dire, livré à la seule compagnie d'une chatte chérie qu'il avait apportée d'Egypte, verser d'abondantes larmes lorsque la mort vint frapper ce bel animal. Il avait fait ses délices pendant plusieurs années; ses aimables caresses, l'expression de son tendre attachement l'avaient tant de fois distrait dans ses peines, et consolé de ses infortunes (1)! Je l'ai vu couvrir de fleurs et de profonds

(1) Il faut lire le portrait fidèle qu'il trace de cette belle et bonne chatte d'Angora dans le premier volume (pag. 321—324) de son *Voyage en Egypte*. Ce portrait est fait pour plaire aux ames sensibles.

soupirs le tertre sous lequel j'avais caché son amie; je l'ai vu la pleurer encore six années après sa cruelle séparation, lorsqu'il entreprit de venger le chat des reproches injustes dont l'accablaient les médecins et les naturalistes (1). Comme PÉTRAQUE, mon ami voulait toujours avoir près de lui des chats, et il s'attachait tellement à eux que le plus petit mal qui pouvait leur arriver lui causait une douleur profonde.

Pour completter mon cours d'études, pour donner une nouvelle consistance au goût qui me portait au travail, et à acquérir des connaissances, il me conseilla d'aller habiter la Capitale. Je le quittai donc en octobre 1795; mon éloignement rendit notre commerce épistolaire plus actif et plus varié.

A cette époque, de nouveaux malheurs vinrent écraser mon ami. Sa rente lui fut remboursée en assignats dont la valeur ne tarda point à s'éteindre entre ses mains; le haut prix de la main-d'œuvre, des pertes considérables et arrivées coup sur coup, des constructions qu'il ne lui était plus possible de continuer, l'obligèrent bientôt d'abandonner, les larmes aux yeux, le désespoir dans le cœur, sa retraite chérie, son unique propriété, et de fuir les champs. Il rassembla les débris de sa fortune, rappela des forces que mille traverses, plus encore que les fatigues de ses longs voyages, avaient abattues sans les détruire,

(1) Voyez *Histoire naturelle de* BUFFON, in-8°, t. XXIV, p. 36 et suiv. l'addition qu'il a faite à l'article concernant cet animal. — Je conseille de lire aussi ce qu'il a écrit dans le *Dictionnaire d'histoire naturelle*, tom. V, pag. 79–88.

et il porta ses regards vers l'île de Naxos, la reine des Cyclades, où il voulait se rendre pour s'y livrer au commerce (1). Ses amis et moi plus particulièrement, nous le détournâmes de cette résolution mal calculée, quoique concertée par les principaux habitans du pays avec lesquels il entretint toujours des relations intimes, quoique adoptée à l'époque de la prise des îles vénitiennes par les armées françaises, et nous l'engageâmes à venir se fixer dans la Capitale. Il se rendit donc à Paris pour se livrer à des travaux littéraires et mettre à profit les immenses matériaux qu'il avait rassemblés dans ses voyages et préparés dans ses champs.

Je le revis alors : non content d'avoir été pendant quelque tems associé aux travaux immortels de BUFFON, qui lui témoigna toujours le plus tendre attachement, il voulut encore élever à son ami un monument durable de reconnaissance et d'admiration. De là, l'idée de sa superbe édition de l'histoire naturelle, dont le premier volume parut en juin 1799. Cette édition offre d'abord les additions publiées par BUFFON à diverses époques, dans les endroits où l'ordre des matières les appelle naturellement. On y trouve ensuite les découvertes particulières à SONNINI, et toutes les observations éparses dans une multitude de mémoires isolés, faits par les zoolo-

---

(1) Il avait conçu l'idée d'un grand établissement commercial et publié le plan sous le titre de : *Essai sur un genre de commerce particulier aux îles de l'Archipel du Levant*, in-8°, Nanci, an V (1797). On le retrouve dans son *Voyage en Grèce*, tom. II, pag. 274—295.

gistes, les botanistes et les minéralogistes, depuis la mort du grand homme qui, le premier, donna l'impulsion aux sciences naturelles, qui leur consacra le temple le plus auguste, et apprit, pour ainsi dire, aux voyageurs, la manière d'observer et de rendre leurs courses utiles aux progrès des connaissances humaines (1).

On peut regarder cette entreprise littéraire comme la plus vaste, après l'Encyclopédie, qui ait été conçue et exécutée de nos jours, et en même tems la plus honorable et la plus utile. C'est une bibliothèque complète et vraiment générale d'histoire naturelle où l'on reconnaît à chaque page la noble et éloquente simplicité de son fondateur, unie à la magnificence du style et des pensées, la plus solide et la plus durable, puisque c'est celle de la nature.

L'expédition en Egypte, le double intérêt qui fixait les yeux et la sollicitude de toute la France sur cette partie du globe, présentaient à SONNINI l'occasion la plus favorable pour enrichir le domaine des lettres, de la relation de ses voyages chez ce peuple devenu, par le fanatisme, la tyrannie et l'ignorance, méconnaissable à toutes les autres nations. Il publia donc son voyage (2) : il fut accueilli, parce qu'il

---

(1) *Histoire naturelle, générale et particulière*, par LECLERC-DE-BUFFON, nouvelle édition, accompagnée de notes, de l'histoire des reptiles, des poissons, des plantes, etc., et rédigée par C. S. SONNINI, 127 vol. in-8°, Paris, an VIII (1799) — 1808.

(2) *Voyage dans la Haute et Basse Egypte*, fait par ordre de l'ancien gouvernement, 3 vol. in-8° avec un volume in-4° renfermant une collection de quarante planches; Paris, an VII (1799).

ajoutait un nouvel aliment à la juste impatience des naturalistes et des gens de lettres; parce qu'ayant pénétré plus avant dans l'intérieur du pays qu'aucun autre voyageur connu, SONNINI offrait la description la plus complète et la plus satisfaisante, enrichie de remarques nouvelles, et de notions très-étendues et très-variées (1).

Ce fut à-peu-près à cette époque que mon ami m'encouragea lui-même à entreprendre mon voyage pédestre de l'Italie. « Le voyager est utile aux jeunes gens, me disait-il; ils en rapportent toujours des connaissances vraies et solides, des souvenirs pleins de charmes. Ce fut seulement, ajoutait-il, pendant les années de ma vie consacrées aux voyages, que j'ai pu me flatter d'être heureux. Pour un voyageur passionné, et tel il faut être, les peines, les fatigues, les périls, les privations ne sont point des sujets d'affliction; il les brave avec courage, s'enorgueillit même de les surmonter : son corps souffre à la vérité, mais ses idées s'agrandissent, son imagination prend un nouvel essor, ses talens se fortifient, et s'il est doué de quelque génie, il le sent se développer et recevoir plus d'activité et d'énergie; au milieu des agitations du corps son ame est calme, et les succès qu'il obtient la remplissent des sensations

(1) Ce mérite réel fut reconnu des Français et des étrangers. Le voyage d'Egypte fut traduit en anglais d'abord par le docteur HENRI HUNTER, 3 vol. in-8°, et par le major de marine MONKE en 1 vol. in-4°. Cette seconde traduction, aussi fidèle qu'élégante, a particulièrement réuni tous les suffrages. L'auteur a gardé l'anonyme; mais il est facile de le reconnaître quand on a lu ses autres ouvrages.

les plus flatteuses; les perfidies, les traits de l'envie, les chicanes et les tromperies de toute espèce, déplorable cortège de la soif ardente de l'or, tous les sujets de chagrin, si communs au sein des sociétés civilisées, ne viennent ni la troubler ni la déchirer : dans les situations les plus critiques, le voyageur sensible, (et malheur à celui qui ne l'est pas !) rencontre souvent de douces distractions, des scènes attendrissantes, qui le dédommagent des périls et de la misère auxquels il est en butte. »

En me faisant ce tableau du bien et du mal qui attendent le voyageur, je retrouvais à chaque trait mon ami, et je m'applaudissais de la leçon. Qui mieux que lui pouvait s'exprimer ainsi? L'amour des voyages avait pris chez lui le caractère d'une véritable passion; il dominait tellement son ame, que l'infortuné d'ENTRECASTEAUX avait été jusqu'à dire de lui : *il nous faudra lui couper une jambe, si nous voulons l'empêcher de voyager.* Mais cette passion ne l'égara jamais au point de venir effrontément, comme certains imposteurs nouveaux, nous montrer des dessins qu'ils ont puisés dans tous les porte-feuilles, nous citer des inscriptions, s'attribuer, à nos yeux, des découvertes qu'ils n'ont faites que dans les livres ou dans les auberges, nous parler de monumens, de recherches, de volcans, de murailles, de peintures, décrits dans des ouvrages ignorés en France, parce que plusieurs de nos savans sortent rarement de leur cabinet, consultent peu ce qui n'est pas national, et croiraient s'avilir en s'entretenant avec le voyageur modeste et véridique qui n'a rien négligé, ni tems, ni argent, ni fatigues, pour tout voir et bien connaître.

Le voyage en Grèce (1) parut un an après mon départ pour l'Italie (2). Il devait être et fut en effet accueilli comme le Voyage en Egypte. L'une et l'autre de ces narrations répondent amplement à toutes les demandes de BUFFON sur la topographie, sur toutes les branches de l'histoire physique de la terre et de ses productions. On y trouve aussi tous les renseignemens que GUENAU-DE-MONTBEILLARD désirait de SONNINI sur la météorologie. Les leçons de morale et de bon goût, la noblesse, la précision et l'élégance du style assurent à ces deux voyages une longue existence; on aimera toujours à les lire, et les connaissances utiles qu'on y puisera, porteront nécessairement à les relire souvent.

L'intelligence crée les idées, l'expérience les développe, l'activité les anime et les multiplie, la probité les rapporte à l'avantage commun : telle est le cachet de toutes les actions de l'homme de bien, du véritable savant; tel fut celui de SONNINI.

Toujours infatigable, toujours pressé par le besoin de répandre les lumières dans toutes les classes de la société, toujours stimulé par l'envie d'être utile, il conçut l'idée de refaire le *Dictionnaire d'histoire naturelle*. VALMONT-DE-BOMARE (qui m'honora

---

(1) *Voyage en Grèce et en Turquie fait par ordre de Louis XVI et avec l'autorisation de la cour Ottomane*, 2 vol. in-8°, et un vol. grand in-4° de cartes et planches. Paris, an IX (1801).

(2) En avril 1800.

aussi de son estime), avait, en 1764, jeté les premières bases de cet ouvrage, et par là donné aux sciences naturelles une sorte de vogue qui les rendit bientôt essentielles au système d'éducation. Ceux qui suivaient les cours publics ou qui lisaient le livre du naturaliste de Chantilly, ne voulaient plus être étrangers aux douces jouissances qu'il promettait de l'étude : de là, le succès de son dictionnaire, et le premier pas des sciences dans le sanctuaire des familles. Cependant les progrès rapides de l'histoire naturelle, son utilité mieux sentie, parce qu'elle ne présenta jamais des preuves plus frappantes et plus nombreuses de son influence sur notre bien-être, de ses rapports intimes avec tout ce qui tient aux besoins et aux agrémens de la vie, demandaient que son manuel fût élevé au niveau des connaissances actuelles. SONNINI le reconnut, et bientôt, entouré d'hommes animés du meilleur esprit, connus par leur noble dévoûment à communiquer leurs découvertes, il offrit à l'instruction publique son excellent dictionnaire (1), l'un des livres réellement les plus curieux et les plus utiles qui aient paru depuis long-tems.

Des succès aussi grands, des triomphes littéraires aussi justes, semblaient présager au savant modeste

---

(1) *Nouveau Dictionnaire d'histoire naturelle, appliquée aux arts, principalement à l'agriculture et à l'économie rurale et domestique*, 24 vol. in-8°. Paris, 1803—1804. — SONNINI y a plus particulièrement traité ce qui est relatif à l'homme, aux quadrupèdes, aux oiseaux, et à l'économie domestique. Il a présidé à l'arrangement des articles et à la rédaction générale de cet ouvrage dont il a posé les bases.

une vieillesse heureuse et indépendante ; mais la fortune ne sembla lui sourire que pour lui rendre plus terribles les coups qu'elle lui préparait en secret, que pour lui rendre plus affreux les derniers jours de sa vie.

Du sein même de ses travaux, jaillit une nouvelle source de chagrins. La basse jalousie de quelques individus qu'il avait arrachés à l'horreur des besoins, l'odieuse mauvaise foi de quelques autres, ne lui pardonnèrent point sa supériorité, son active passion du bien, et les succès qu'il obtenait chaque jour. Ils employèrent d'abord l'arme de la calomnie : il sut la repousser avec dignité ; mais il n'était pas en son pouvoir de l'arrêter dans sa course homicide. Il y a trop de ces ames basses qui s'emparent avec empressement et plaisir de tout ce qui peut ravaler le génie, qui se plaisent même à tout exagérer, et qui prennent une part active à la victoire de l'ignorance et de la méchanceté. Forts de cette première impression, ces hommes que je ne veux pas nommer, dans la crainte de souiller ma plume, s'acharnèrent sur mon ami, l'abreuvèrent de fiel ; et comme ils connaissaient sa sensibilité et sa modestie, ils parvinrent à l'isoler, à le duper et à le punir des services qu'il venait de rendre. L'histoire du genre humain est donc le traité le plus complet des passions ; celle de l'homme à talens, le tableau de toutes les persécutions !

L'amertume de ces chagrins fut, hélas ! le triste prélude de ce qu'il appela son *agonie de deux ans*.

En août 1805, à la sollicitation du célèbre Fourcroy (alors directeur général de l'instruction publique), il quitta Paris, ses travaux littéraires, ses habitudes pour se rendre à Vienne, la seconde ville du département de l'Isère, et y prendre la direction d'un grand collége. Cet établissement avait joui d'une haute réputation entre les mains des Jésuites, ses fondateurs; il l'avait même conservée, quoiqu'avec moins d'éclat, après la dissolution de cet ordre trop fameux. En en prenant les rènes, SONNINI, ancien élève lui-même des Jésuites, voulut établir dans le nouveau collége l'ordre et la discipline qui régnaient dans leurs pensionnats, toutefois avec les modifications que les vues du gouvernement, la différence des tems et le progrès des lumières rendaient nécessaires. Mais des hommes étrangers à toutes les vertus et à tous les liens de la société, ennemis des vrais talens, dévots par spéculation, impies par habitude, ingénieux en bassesses et en noirceurs, et pour qui la ruse, la fausseté, la tyrannie et la pensée du mal sont des besoins de tous les instans, s'opposèrent à ses projets utiles et tramèrent contre lui la plus odieuse persécution; ils l'inquiétèrent même au milieu de ses observations d'histoire naturelle; ils le mirent en but à toutes les extravagances, aux sarcasmes les plus virulens, pour lui rendre le séjour de Vienne déplaisant; enhardis par l'impunité, ils arrêtèrent sa correspondance, le pillèrent, et après deux années de tribulations de toute espèce, ils le forcèrent à quitter le poste où la confiance du gouvernement l'avait placé (1).

(1) Il a profité de son séjour à Vienne pour faire un voyage dans plusieurs lieux des départemens de l'Isère et du Rhône et au mont

De retour dans la Capitale, l'ame aigrie par tant de tracasseries, par des pertes fâcheuses, conséquence de la nullité des opérations commerciales, et par des besoins que l'âge rendait chaque jour plus pressans, il se séquestra de nouveau et se livra au travail. Il ouvrit son portefeuille et publia successivement plusieurs traités d'agriculture (1). Les règles et les

---

Pilat sous le rapport de l'état physique, de l'agriculture, de l'histoire naturelle, des productions, des antiquités, des mœurs et coutumes des habitans. Ce voyage ne tardera pas à paraître.

(1) *Traité de l'arachide ou pistache de terre,* contenant la description, la culture et les usages de cette plante ; avec des observations générales sur plusieurs sujets ; in-8°. Paris, 1808. — Dans ce traité, SONNINI fait connaître tout ce qu'il est important de savoir sur l'arachide ; à ses observations particulières, à des réflexions qui lui sont propres, il a réuni avec ordre et méthode ce que l'expérience a révélé aux cultivateurs qui s'occupèrent avant lui de cette plante utile.

Manuel des propriétaires ruraux et de tous les habitans de la campagne, ou recueil par ordre alphabétique de tout ce que la loi permet, défend ou ordonne dans toutes les circonstances de la vie et des opérations rurales ; 1 vol. in-12. Paris, 1808. — Seconde édition, 1811. — Ce livre n'a rien assurément de bien brillant, mais, comme le disait fort bien son auteur, « il est éminemment utile, puisqu'il fait connaître les obligations que les lois imposent à l'homme des champs dans toutes les circonstances de sa vie et de ses opérations rurales. »

Traité des asclépiades, particulièrement de l'asclépiade de Syrie ; précédé de quelques observations sur la culture du coton en France ; in-8°. Paris, 1810. — Si SONNINI n'est pas le premier qui ait appelé l'attention sur cette jolie plante, personne avant lui, n'avait mis plus de zèle à confirmer les témoignages des écrivains qui l'avaient précédé, personne n'avait saisi plus heureusement la circonstance d'en faire connaître les nombreux avantages, personne enfin ne les avait exposés d'une manière aussi juste, aussi étendue.

Il avait précédemment donné un *Mémoire sur le tournesol*, qui fut inséré dans le tom. V, pag. 381, et VI, pag. 125 de la *Feuille du Cultivateur.*

Pendant dix ans il a rédigé la *Bibliothèque physico-économique*, petit journal instructif et amusant qui paraît chaque mois.

principes de ce premier des arts établis dans le *Cours complet d'agriculture* de ROZIER (1), ayant été les uns singulièrement perfectionnés, les autres entièrement changés, ou pour mieux dire se trouvant en opposition formelle avec l'état actuel des sciences, SONNINI pensa que les amis des champs, que ceux qui s'occupent des travaux de l'économie rurale et domestique, aussi bien que ceux qui s'intéressent à leur succès, accueilleraient favorablement une nouvelle édition de ce recueil, que l'on consultera toujours à cause des matières qui y sont traités et par la manière dont il est écrit. Il s'entoura de collaborateurs (2), et bientôt parut le *Cours complet*, ou *Dictionnaire universel d'agriculture pratique, d'économie rurale et domestique, et de médecine vétérinaire* (3), ouvrage dont on a scrupuleusement écarté toute théorie superflue, et auquel on a ajouté les connaissances pratiques acquises depuis 1781, époque à laquelle parut le premier volume du cours de ROZIER.

---

(1) Les volumes 11 et 12 de cet ouvrage ont été publiés (in-4°), en 1805. SONNINI y a rédigé tout ce qui est relatif à la chasse et à la pêche.

(2) Je fus du nombre. Mes articles sont signés AN.

(3) Six vol. in-8°. Paris, 1809. — A ces six volumes on doit ajouter le *Vocabulaire portatif d'agriculture, d'économie rurale et domestique*, dans lequel se trouve l'explication claire et précise de tous les termes qui ne sont pas d'un usage ordinaire et qui sont employés dans les livres modernes d'agriculture, par SONNINI, VEILLARD et CHEVALIER, 1 vol. in-8°. Paris, 1810. -- Le but de ce livre est d'initier l'habitant des campagnes dans la langue des sciences, d'indiquer en peu de lignes la véritable propriété des mots, et d'offrir une idée nette et facile à saisir, des choses que le propriétaire et le simple cultivateur ont intérêt de connaître.

Je ne dirai point que ce nouveau cours d'agriculture est utile, recommandable par son but, digne d'éloges pour son exécution, mais il me suffira de rappeler qu'il eut un grand succès.

L'amitié qui liait SONNINI aux voyageurs et aux naturalistes devint la source de plusieurs observations dont il enrichit leurs ouvrages (1). Toutes ces notes également instructives et intéressantes ont rapport à la zoologie. J'en ai remarqué sur-tout une où il s'élève avec raison contre cette division infinie des diverses parties de l'histoire naturelle, qui prit naissance au milieu de la confusion des pouvoirs politiques, et

---

(1) *Statistique générale et particulière de la France et de ses Colonies*, avec une nouvelle description topographique, physique, agricole de cet état, 7 vol. in-8°. Paris, 1803. (Toute la partie agricole est de SONNINI.)

Voyage aux Indes orientales et à la Chine, par SONNERAT, 2 v. in-4°. Paris, 1808. —Cette nouvelle édition, faite sur le manuscrit autographe de l'auteur, est augmentée d'un précis historique sur l'Inde, depuis 1778 jusqu'à nos jours, de notes et de plusieurs mémoires inédits par SONNINI.

Voyages dans l'Amérique méridionale, par DON FÉLIX AZARA, depuis 1781 jusqu'en 1801, publiés par C. A. WALCKENAER, avec des notes de G. CUVIER, suivis de l'histoire naturelle des oiseaux du Paraguay et de la Plata par le même auteur, traduite d'après l'original espagnol, et augmentée d'un grand nombre de notes par SONNINI; 4 vol. in-8° avec atlas, Paris, 1809.

Voyage aux îles de Ténériffe, la Trinité, Saint-Thomas, Sainte-Croix et *Porto-Ricco*, exécuté par ordre du gouvernement français de 1796 à 1798 par ANDRÉ-PIERRE LEDRU, avec des notes et additions par SONNINI, 2 vol. in-8°, Paris, 1810.

Voyage aux Indes orientales, pendant les années 1802-1806, contenant la description du cap de Bonne-Espérance, des îles de France, Java, etc.; par C. F. TOMBE, avec des notes par SONNINI, 2 vol. in-8° et atlas, Paris, 1810.

qui est si nuisible dans le choix des observateurs destinés aux voyages de découvertes.

Pendant qu'il se livrait ainsi à des travaux devenus trop peu lucratifs, une circonstance imprévue changea sa destinée et le força pour ainsi dire à s'expatrier : résolution fatale, puisqu'il en fut la victime, puisqu'elle causa sa mort ; résolution commandée par une longue série de malheurs et devenue nécessaire par l'affreuse incertitude qui l'enveloppait de toutes parts. Dans son désespoir SONNINI crut devoir céder aux instances d'un riche boyard moldave qui se faisait passer pour hospodar ; il prit avec lui un engagement de cinq années, pendant lesquelles il devait donner à son fils l'éducation convenable au rang qu'il disait occuper, et le 25 octobre 1810 il quitta la France pour aller habiter la capitale de la Moldavie. Ainsi j'ai vu partir mon ami, aller au loin chercher le bonheur que ses travaux devaient lui assurer parmi nous ; je l'ai vu nous abandonner tous le cœur navré ; je l'ai vu s'exiler à soixante ans pour s'arracher à l'anxiété de tous les besoins. Souvenir poignant, tu bouleverses toutes mes facultés ! Il part, accompagné de son épouse et de sa nièce (1), en bénissant la main de celui qu'il croyait un prince et qu'il regardait comme le libérateur de sa famille. Le prétendu prince n'était qu'un brigand qui s'était sauvé de son pays à cause des poursuites que le Gouvernement russe exerçait contre

---

(1) Son fils ne put le suivre ; il était et est encore attaché au service de l'artillerie de la marine en qualité de fourrier.

lui. Six semaines après son arrivée à Iassy, il fut arrêté et déporté. Cet événement jeta SONNINI dans un grand embarras; il eut besoin de beaucoup de prudence pour se soustraire aux premiers soupçons que le peuple éleva contre lui.

A peine arrivé sur cette terre étrangère, le voilà donc forcé de tendre ses bras vers les lieux qu'il venait de quitter, et jouet d'une fortune perverse, le voilà réduit à vendre ses livres et tous ses effets pour venir terminer sa carrière au milieu de ceux qui ne l'abandonnèrent plus (1).

Cependant il ne voulut point rentrer en France, sans connaître et la Moldavie et la Valachie, ces deux provinces, l'ancienne patrie des Slaves, que peu de voyageurs ont parcourues. Il fit donc quelques recherches sur l'histoire naturelle, le caractère, les mœurs et les usages des habitans, sur la qualité du sol, la nature du climat, et rassembla tous les matériaux nécessaires pour donner une idée exacte et l'histoire de ces pays : il obtint à cet égard toutes les facilités imaginables (2). Les fatigues d'un voyage pénible, et

---

(1) Parmi le très-petit nombre de personnes qui lui conserva toujours une tendre affection je dois citer plus particulièrement M. le sénateur comte FRANÇOIS DE NEUFCHATEAU, connu par l'amitié qu'il porte aux vrais gens de lettres et par la touchante association qu'il avait eu le dessin de former en faveur des savans et des littérateurs; l'excellent M. ANDRÉ THOUIN, et M. AMAURY-DUVAL de l'Institut.

Plusieurs de ceux qui profitèrent de l'amitié de SONNINI sont aujourd'hui les premiers à insulter à ses mânes et à répéter les calomnies d'un misérable plein de jactance et d'immoralité: Je les signale au mépris public.

(2) Ce voyage est encore inédit; il est extrêmement curieux. On sait que nous ne possédons rien de bien exact sur ces contrées, sans en

les premières atteintes de la fièvre pernicieuse endémique à ces contrées lointaines, sur-tout en automne, l'avertirent qu'il était tems de s'arrêter et de prendre le chemin de la France.

Il traversa successivement Lemberg, Vienne et Munich ; par-tout il fut honoré de l'accueil le plus distingué de la part des savans et des plus grands seigneurs. « Ma surprise était extrême, m'écrivait-il, » et j'avais peine à me persuader que ces distinctions » me fussent adressées, lorsque je songeais à l'abandon complet dans lequel je traînais une pénible » existence à Paris. »

Le 26 décembre 1811, il arriva dans cette Capitale. Depuis l'instant de son retour jusqu'au moment où ses yeux se fermèrent pour ne plus se rouvrir, il fut toujours souffrant. La fièvre pernicieuse avait fait chez lui des progrès funestes, et prenait chaque jour un caractère d'intensité plus fâcheux. Mais ce fut surtout dès le 20 avril que le mal empira ; tous les secours lui furent portés (1), ils étaient inutiles ; les tour-

---

excepter même le livre de CARRA qui a pour titre : *Histoire de la Moldavie et de la Valachie*, in-12, Paris, 1778, et celui publié en grec moderne à Vienne en Autriche, en 1807, sous le titre de : *Histoire politique et géographique de la Valachie et de la Moldavie, depuis les tems les plus reculés jusqu'en* 1774.

(1) Je vote ici des remercimens bien sincères aux docteurs NAUCHE et ALPHONSE-LEROY pour toutes les attentions qu'ils n'ont cessé de prodiguer à mon ami depuis l'époque de son arrivée à Paris jusqu'au dernier moment. Leur zèle fait le plus grand éloge de leurs excellens cœurs et prouve l'amitié franche qu'ils avaient pour SONNINI. En leur exprimant ma reconnaissance, je suis aussi l'interprète de la veuve et de toute la famille de l'homme célèbre dont j'écris l'histoire.

mentes de son ame cruellement déchirée aggravaient sans cesse les maux du physique et desséchaient les réservoirs de l'existence. Il sentit sa dernière heure approcher; il disait avec calme, qu'il était arrivé à ce point où l'homme ne voit plus dans la mort que le terme à toutes les misères de ce monde; mais pour épargner la sensibilité de sa famille, il la flattait encore, au dernier moment, d'une trompeuse espérance. Il succomba le 9 mai 1812...... Ainsi mourut à l'âge de soixante-un ans, dans une détresse qu'on ne saurait peindre, le disciple et l'ami de BUFFON! Ainsi s'éteignit dans l'affreux désespoir cette vie laborieuse consacrée toute entière à l'utilité générale, qui connut dans ses premières années toutes les faveurs de la fortune, et finit par être la victime du malheur le plus constant et le moins mérité (1)! Si le dévouement le plus absolu aux progrès des lumières, si le besoin

(1) « La science éclaire le monde, et la littérature honore les pays où elle fleurit. Nous célébrons après leur mort ceux qui ont cultivé les lettres avec distinction; nous les fesons revivre par des éloges solennels; nous plaçons leurs images dans nos appartemens et dans des lieux publics; nous les chantons sur nos théâtres, nous nous applaudissons d'avoir vécu dans la contrée qui les avait vu naître. Le talent qui n'est plus ne rencontre que des amis. Hélas! et trop souvent, quand il était en vie, il lutta contre le malheur; son début fut pénible, sa carrière fut orageuse, sa vieillesse fut oubliée; il languit, négligé de ce pays qu'il illustra; de ces concitoyens, qui en parlent avec orgueil; de ce public superbe et plus frivole encore, qui profita de ses lumières, sans se soucier de savoir si, comme le fit dire un philosophe grec à ceux qui ne venaient le voir qu'au moment de son agonie; si, dis-je, on peut jouir encore de la lampe qu'on laisse éteindre faute de quelques gouttes d'huile. » (FRANÇOIS DE NEUFCHATEAU, *Disc. pour l'ouverture de la Société en faveur des savans et des hommes de lettres*, prononcé le 25 nivose an XI.)

inné dans une ame grande et généreuse de laisser après soi un souvenir que des travaux importans rendent cher à l'humanité; si les solides qualités du cœur, si les nobles sentimens sont des titres à notre admiration et à nos regrets, qui peut y avoir plus de droits que SONNINI-DE-MANONCOURT, lui qui signala les premiers pas qu'il fit dans la carrière des sciences par de grandes idées, par des entreprises hardies, par des actes de la plus haute philanthropie; lui qui eut toujours pour but, dans ses voyages et dans ses écrits, la passion du bien public, l'avancement de l'histoire naturelle, la prospérité de l'agriculture, la conservation de la belle langue des RACINE, des ROUSSEAU, des VOLTAIRE, des FÉNÉLON et des BOSSUET, et de cette urbanité vraiment attique qui fit si long-tems la gloire de notre littérature?

SONNINI était né avec les plus heureuses dispositions, son cœur possédait toutes les vertus sociales; il eût fait le bonheur de sa famille, il eût fait le bonheur de tous ceux qui lui étaient attachés par les liens d'une amitié franche et loyale, si d'infâmes tribulations, si une longue série de circonstances pénibles ne l'eussent rendu quelquefois soupçonneux, défiant et injuste malgré lui. L'homme seul supporte avec résignation toutes les atteintes de l'injustice, toutes les chances sinistres de la vie; mais quand il se doit à une épouse, à des enfans, s'il n'est plus encore dans la vigueur de l'âge, la pensée de ses maux l'écrase, lui ôte les moyens d'en sortir; il lui faut alors recourir à des expédiens, les amis qui pourraient faire des sacrifices détournent la vue, heureux encore quand ils ne l'accablent pas de mépris ! Les autres fuient parce qu'ils sont eux-mêmes trop voisins du besoin, il reste seul, l'ame s'aigrit et donne prise au mécontentement de tout le monde et enfin à l'affreux désespoir.

Généreux, confiant, toujours disposé à obliger, personne n'eût plus à gémir que SONNINI de ces douces affections de son ame. La sensibilité le portait à faire tout le bien qu'il pouvait; impatient de répandre les connaisances qu'il avait acquises, le besoin d'en étendre la sphère le pressait de faire plus encore; la modestie lui persuadait qu'il n'avait jamais bien fait, et lorsqu'il voulait céder à l'impulsion sainte qui l'animait, la verge du malheur venait plomber sur sa tête et le forcer de lutter contre sa position, qui fut hélas! dans les dernières années de sa vie, toujours voisine de l'indigence.

Fier de longs services demeurés sans récompense, fier de n'avoir jamais eu, dans ses travaux, d'autre mobile que l'amour de la patrie, il a rempli avec désintéressement une carrière utile aux sciences, une carrière qu'il eût rendue plus célèbre encore si l'on avait su tirer un parti plus avantageux de son zèle que les obstacles irritaient, loin de l'affaiblir. Quoique toujours abreuvé de dégoûts, quoique l'on cherchât de mille manières à exciter ses regrets, jamais on ne l'a vu se repentir de ses travaux, de son dévouement généreux : lorsqu'il reportait vers eux la pensée, sa conscience lui faisait goûter, aux dépens de sa bourse, une joie pure, un contentement dont les ames vénales ne peuvent jouir. Une seule fois il exposa ses droits à la reconnaissance publique ; sa voix fut étouffée, parce qu'il n'aimait point à fatiguer l'homme puissant de ses importunités, ni faire bassement sa cour à des subalternes.

Il s'est peint lui-même dans ses écrits et sur-tout lorsqu'il a tracé le caractère du véritable naturaliste (1). Sa conversation était aussi agréable qu'intéressante, et son instruction, selon le mot de MONTAIGNE, *la cresme de la philosophie, présentée d'une simple façon et pertinente.* Ses vastes connaissances et le plaisir qu'il avait d'obliger, furent plus d'une fois utiles aux gens de lettres qui le consultaient. Il rendit même à plusieurs d'entr'eux des services signalés, dont il est pénible de dire qu'il fut récompensé par la plus noire ingratitude. Cependant il en est quelques-uns qui conservèrent toujours le souvenir de ses sages conseils et de son obligeance, qui firent tout pour lui en témoigner leur profonde reconnaissance, et qui, s'ils furent obligés de réprimer les premiers élans du cœur, n'en furent que plus à plaindre, car ils l'aimaient véritablement.

O mon maître, ô mon ami ! vois les pleurs qui baignent mes yeux, entends ma voix, et daigne

---

(1) « Après avoir reconnu chaque forme en particulier, en saisir et en comparer l'ensemble, étudier surtout les mœurs, les habitudes, ne porter dans ses observations, ni prévention, ni esprit de système ; voir les choses comme elles sont, et non comme on voudrait qu'elles fussent, tel est le caractère des vrais naturalistes, tandis que celui des nomenclateurs est de tout embrouiller. » (*Voyage en Egypte*, tom. I, p. 160.)

recevoir ce faible hommage que je rends à ta mémoire : je n'ai fait que le récit sincère de tes services, et le triste récit de tes malheurs ; j'ai dit la vérité, je l'ai dit toute entière, je n'ai rien exagéré. Puissent les larmes de sang que répandent ton épouse, et ton fils et ta nièce, puissent les soupirs de tes vrais amis, les fleurs qu'ils jettent sur ta tombe et le modeste monument qu'ils t'élèvent, être agréables à ton ombre vénérée ! Puissent-ils adoucir pour toi le souvenir des maux qui empoisonnèrent à la fin une carrière faite pour être si utile et si brillante !...

Je dois achever cette tâche funèbre en disant que le 10 mai 1812, Sonnini a été enterré au cimetière de l'Est, vulgairement appelé *la Maison du Père La Chaise*. Son convoi, comme il l'avait exigé lui-même, fut modeste et suivi d'un petit nombre de vrais amis. Le tertre sous lequel ses dépouilles mortelles ont été déposées est ombragé par un saule pleureur. Des végétaux de toute espèce y croissent ; on y distingue quelques tiges de l'asclépiade de Syrie, l'épicea toujours vert, la scabieuse, la giroflée de Mahon et la marguerite blanche (1), la julienne, le fénu-grec, la grande vesce du Canada, le tournesol et le chou-navet de Laponie

---

(1) Dans la langue des fleurs ces deux plantes expriment des vœux et des promesses que les ames sensibles seules entendent. La giroflée de Mahon dit : *Souvenez-vous de moi ;* la marguerite blanche lui répond : *j'y songerai.*

que Sonnini eut tant de plaisir à cultiver. Du sein même de ces plantes, et au pied des immortelles, s'élève un cippe sur lequel on lit cette inscription :

ICI REPOSE

CH. SIG. SONNINI-DE-MANONCOURT,

Ancien officier et ingénieur de la marine française,

Né à Lunéville le 1er février 1751, *mort à Paris le* 9 *mai* 1812.

Ses découvertes en histoire natutelle

Le rendirent l'ami, le collaborateur et le continuateur

DE BUFFON.

Voyageur intrépide, il visita l'Amérique méridionale,

L'Egypte, la Grèce, la Moldavie et la Valachie.

Il signala son séjour a Cayenne par l'ouverture

D'un grand canal qui porte son nom.

Il introduisit en France

La culture de plusieurs végétaux utiles.

Né riche,

Il fut constamment homme de bien;

Toujours utile aux lettres et aux sciences;

Bon ami, bon époux, bon père,

Et mourut pauvre.

BIBLIOTHECA ... ROMANA

www.ingramcontent.com/pod-product-compliance
Ingram Content Group UK Ltd.
Pitfield, Milton Keynes, MK11 3LW, UK
UKHW031958260826
14628UKWH00005B/2147